RÉPUBLIQUE FRANÇAISE.

MINISTÈRE DE L'INSTRUCTION PUBLIQUE ET DES CULTES.

RAPPORT adressé à M. le Ministre de l'instruction publique et des cultes par le comité historique des arts et monuments, sur le projet de translation de la Bibliothèque nationale dans les galeries du Louvre.

Paris, le 12 mars 1849.

MONSIEUR LE MINISTRE,

Le comité historique des arts et monuments, ému des dispositions du projet de loi présenté à l'Assemblée nationale pour l'achèvement du Louvre, qui menacent l'existence des bâtiments occupés aujourd'hui par la Bibliothèque nationale, a cru devoir vous soumettre les observations suivantes, et vous prier d'en donner communication à M. le Ministre des travaux publics.

Des idées complétement fausses se sont malheureusement accréditées, depuis bien des années déjà, sur le peu d'importance et le défaut de solidité de l'édifice qui contient les collections de la Bibliothèque. Habitué à ne voir de ce monument que la muraille triste et monotone dont l'aspect délabré assombrit la portion la plus animée de la rue de Richelieu, le public s'est facilement laissé persuader que le renversement d'une pareille construction était un des principaux embellissements à exécuter au centre de Paris. Mais derrière ce mur qu'on a plâtré et défiguré, comme si l'on se fût proposé de lui donner la physionomie la plus repoussante, se trouve, avec ses vastes cours, son architecture noble et sévère, ses façades sculptées, l'ancien palais Mazarin, c'est-à-dire la plus considérable que nous ayons conservée de ces anciennes habitations dont la splendeur rappelait si bien les mœurs élégantes et polies de la société française au dix-septième siècle. Dès la porte, se montrent de toutes parts sur les boiseries, sur les ferrures, sur les consoles, les étoiles et les faisceaux, emblèmes héraldiques du cardinal fondateur. Des portiques, dans lesquels il serait facile de rétablir de larges voies de communication, environnent une partie de la cour d'honneur. Un escalier en pierre, de dimensions grandioses, encore garni de sa rampe en fer travaillée avec cet art merveilleux dont le dix-septième siècle nous a laissé tant de précieux modèles, monte aux salles du premier étage. Ces salles se font toutes remarquer par leur étendue, par la convenance de leur appropriation et par la beauté des corps de bibliothèque en boiserie sculptée dont leurs murailles sont revêtues. Pour ne citer que les plus importantes, nous signalerons à votre attention, Monsieur le Ministre, dans la partie de l'édifice affectée au département des manuscrits, plusieurs chambres à plafonds peints, et la grande galerie dite Mazarine, dont la voûte est encore entièrement décorée de fresques exécutées par le célèbre Romanelli. Cette galerie, la plus vaste de Paris après celles du Louvre, est à elle seule un monument des plus rares et des plus complets. Bâtie par François Mansard, l'un des grands artistes que la France ait produits, elle se présente au dehors avec des murs élégamment appareillés en briques et en pierre, des ouvertures encadrées de refends, un attique chargé de faisceaux croisés, et un de ces grands combles à la française dont la proportion seule suffit pour attester tout le talent d'un architecte. Au-dedans, ce sont des parties couvertes de chiffres et d'arabesques relevés en or sur des fonds blancs, des niches en coquille richement dorées, des peintures habilement combinées avec l'architecture, et qui n'ont encore rien perdu de leur fraîcheur ni de leur harmonie. Aujourd'hui que

les grands hôtels ont successivement disparu, et que la décoration
intérieure des palais du gouvernement a été partout renouvelée
dans le style moderne, il n'existe plus rien de semblable dans la
ville de Paris. C'est comparable aux plus belles galeries du châ-
teau de Fontainebleau ou des palais de l'Italie. Il n'est donc permis
à personne, à moins qu'on ne soit étranger à toutes les notions
de l'art et insensible à l'impression des grands souvenirs, de nier
la valeur esthétique et l'importance historique du palais Mazarin.
N'est-ce pas quelque chose que de trouver dans la même ville,
et séparés à peine par deux ou trois rues, ici les derniers restes
de la demeure du grand cardinal de Richelieu, plus loin l'habi-
tation du ministre qui forma Colbert et inaugura le règne de
Louis XIV.

La solidité des bâtiments ne peut être sérieusement mise en
question. Nous invoquerons sur ce point l'autorité d'hommes
essentiellement pratiques, d'une part celle de MM. Duban et Ca-
ristie, membres du conseil des bâtiments civils, d'autre part celle
de M. Achille Leclerc, chargé depuis plus de trente ans, comme
architecte conservateur, de l'entretien annuel de l'édifice. Ces
Messieurs ont examiné le monument à plusieurs reprises et dans
tous ses détails. M. Achille Leclerc surtout est appelé par ses
fonctions à visiter fréquemment les murailles, les planchers, les
voûtes, la couverture. Tous trois attesteraient au besoin le bon
état de conservation et la solidité de toutes les parties importantes
du monument. S'il existe quelques bâtiments hors de service, ce
sont des constructions tout à fait secondaires, qui devront dispa-
raître quand le moment sera venu d'approprier définitivement
le local à sa destination. Loin de considérer l'édifice de la bibliothèque comme arrivé à une période menaçante de décrépitude,
les habiles architectes dont nous venons de citer les noms sont
persuadés qu'on trouverait très-difficilement un bâtiment d'aussi
heureuse condition, où les manuscrits, les livres, les cartes, les
gravures fussent mieux à l'abri de l'humidité pendant l'hiver, de
la poussière pendant l'été. C'est là un des plus précieux avanta-
ges que puisse offrir l'édifice destiné à renfermer une bibliothèque ; ne serait-il pas déplorable de s'exposer à ne pas le rencon-
trer ailleurs, et à courir la chance de compromettre, dans une

construction neuve, des collections dont rien aujourd'hui ne peut menacer la sécurité.

On pense du moins que le prix de vente des terrains occupés par les bâtiments de la bibliothèque couvrirait une portion considérable de la dépense nécessaire pour l'achèvement du Louvre. Si la France tient à terminer le Louvre, nous admettrions avec peine qu'elle ne puisse y parvenir sans spéculer sur l'aliénation d'un monument, et sans mettre à l'enchère un sol que les arts ont consacré par des chefs-d'œuvre. C'est à coup sûr s'appauvrir que de renverser un édifice ancien, d'une valeur positive et bien reconnue, pour en élever un nouveau, d'une utilité contestable et d'un mérite tout à fait problématique. Assez de ruines ont été faites autour de nous, au milieu même de Paris. Mais indépendamment de ces considérations étrangères aux combinaisons financières, nous avons tout lieu de penser que les terrains de la Bibliothèque sont loin d'avoir la valeur qu'on leur attribue, et qui aurait été portée à un chiffre dont l'exagération est prouvée par les variations mêmes qu'il a subies. Il faudrait d'ailleurs déduire du prix de la vente le montant de la perte immense qui résulterait pour l'Etat de la destruction inévitable de la plus grande partie du matériel, des boiseries, des tablettes, des armoires, de toute la menuiserie en un mot qui ne pourrait facilement s'adapter à un bâtiment nouveau, et de plus, la valeur des constructions commencées sur la rue Vivienne. Ces constructions, qu'il faudrait nécessairement abandonner, et dont les frais de démolition seraient à peine couverts par la vente des matériaux, ont coûté au trésor environ 1,400,000 francs. Infiniment regrettable au point de vue de l'art, l'opération serait donc en même temps d'un avantage plus que douteux sous le rapport financier.

Enfin, Monsieur le Ministre, nous vous ferons observer, à vous qui êtes le protecteur naturel de nos établissements scientifiques et littéraires, que la Bibliothèque nationale, placée de la manière la plus convenable dans le local qu'elle occupe, se trouverait au Louvre dans des conditions très-peu favorables au service. La disposition des longues galeries dont se composerait la nouvelle partie du Louvre ne se prête ni à l'organisation d'une surveil-

lance centrale s'exerçant sur toutes les parties de l'établissement,
ni à la division des différents départements qui constituent la
bibliothèque, ni au recueillement si nécessaire aux études dans
les salles de lecture, ni surtout à la prompte distribution des livres. Nous avons calculé que, pour aller du centre aux extrémi-
tés, dans la galerie projetée du Louvre, les employés auraient à
parcourir un espace de plus de trois cents mètres, tandis que la
distance serait à peine du tiers dans les bâtiments actuels de la
Bibliothèque, après leur appropriation. C'est aussi une erreur de
penser que les nouveaux bâtiments du Louvre pourront à la fois
suffire aux besoins de la Bibliothèque, de l'exposition annuelle
des œuvres d'art et de l'exposition quinquennale des produits de
l'industrie. A peine le Louvre sera-t-il assez grand pour donner
place à la prodigieuse quantité d'objets encore accumulés dans
les magasins, à ceux que réclame le complément progressif des
collections, et à cette collection déjà si souvent projetée de mou-
lages levés dans toute l'Europe sur les plus belles œuvres de la
sculpture, qui formerait une histoire non interrompue de l'art
à sa plus haute expression. Que le Louvre conserve donc la spé-
cialité qui a fait sa gloire jusqu'ici. Au moyen de sacrifices peu
considérables en comparaison de ceux qu'entraînerait le déplace-
ment de la Bibliothèque, il serait facile de donner satisfaction au
public en réparant les façades extérieures du palais Mazarin, et
d'arriver graduellement, sans secousses, sans déménagement, à
une appropriation complète de l'édifice. Il n'en coûterait pas plus
de huit cent mille francs pour donner à la façade de la rue de
Richelieu un aspect monumental, pour la décorer de pilastres,
de niches et de statues. Les projets d'agrandissement ultérieurs
pourraient, sans inconvénient pour le service ni pour le classe-
ment, être remis à une époque où le trésor serait en mesure d'en
supporter la dépense. Il est prouvé par l'avis motivé des conser-
vateurs, que le local actuel, augmenté seulement des constructions en cours d'exécution, serait suffisant pour plus d'un siècle
encore. Mais aussi il y a urgence à terminer et à mettre en état
ce qui a été commencé. Depuis plusieurs années, on s'est abstenu
de tous travaux, de toutes réparations un peu considérable dans
les bâtiments de la Bibliothèque; il semblait téméraire de l'enga-

ger dans un système de dépenses à l'égard d'un édifice placé sous le coup d'une démolition prochaine. C'est par suite de l'incertitude de l'administration sur l'avenir du monument, que plusieurs départements, surtout celui des estampes et des cartes, ont été laissés dans des pièces d'une obscurité et d'un délabrement déplorables.

En résumé, Monsieur le Ministre, nous vous demandons avec instance de prendre en main la défense du palais Mazarin. Nous sommes convaincus que vous apprécierez, comme nous, la valeur de ce grand monument, son bon état de conservation et sa disposition générale plus favorable, nous le pensons, qu'aucune autre au développement d'un plan raisonné de bibliothèque publique.

Salut et respect.

<table>
<tr><td>Le rapporteur,</td><td>Le membre du comité remplissant par interim les fonctions de vice-président,</td></tr>
<tr><td>F. DE GUILHERMY</td><td>CH. DE MONTALEMBERT.</td></tr>
</table>

Paris, imprimerie de Paul Dupont.